Pierre Stutz

DU HAST MIR RAUM GESCHAFFEN

Psalmengebete

Claudius Verlag

Die Deutsche Bibliothek – CIP-Einheitsaufnahme

Stutz, Pierre:
Du hast mir Raum geschaffen : Psalmengebete / Pierre Stutz. –
1. Aufl. – München : Claudius-Verl., 1996
ISBN 3-532-62202-5

1. Auflage 1996

Umschlaggestaltung: Werner Richter
unter Verwendung eines Hinterglasbildes von K. P. Frank
(Bei den Abbildungen im Innenteil handelt es sich um Ausschnitte aus dem »Bilderzyklus zur Schöpfungsgeschichte in acht großformatigen Hinterglasbildern« von K. P. Frank.)
Herstellung: Heidrun Barth
Gesamtherstellung: Jos. C. Huber KG, Dießen

ISBN 3-532-62202-5

Stefan Bolt gewidmet, in freundschaftlicher Verbundenheit und in Dankbarkeit für seine kritisch-bestärkenden Anregungen.

Für Joe, Marie-Theres, Marino, Mathias, Patrick, Sonja, Therese und Urs.

Zur Einstimmung

Die Sehnsucht, unser Leben in seiner ganzen kraftvollen Faszination und seiner schmerzvollen Widersprüchlichkeit verwurzeln zu können, läßt sich als das Verbindende, das Göttliche in uns Menschen erahnen.
Momente, wo Dankbarkeit und Vertrauen uns durchdringen. Augenblicke, wo wir vor Wut und Entsetzen zum Himmel schreien.
In den uralten biblischen Psalmen habe ich das lebensfördernde Aussprechen all dieser Gefühle gefunden. Gefühle wie Trauer, Hoffnung, Wut, Vertrauen, Ohnmacht, Freude, Angst, Zuversicht, Verzweiflung und Dankbarkeit. Dies hat mich zu einem neuen Beten inspiriert, wo meine eigene Sinnsuche und mein Ergriffensein Worte und Bilder finden. Ein Beten, wo auch die dunklen Seiten des Lebens nicht ausgeklammert werden. Denn da, wo wir uns selber und anderen nichts mehr vormachen und zu all unseren Gefühlen und Gedanken stehen, da kann sich uns Gott besonders zuwenden und zum aufgerichteten Gang ermutigen.
Diese Psalmen vertiefen auch all die vielen Begegnungen mit Menschen, mit denen ich als Begleiter Freud und Leid teilen darf. Denn in Grenzsituationen und kostbaren Momenten des Glückes fehlen mir oft die Worte. Im schweigenden Mittragen leben sie in mir weiter. Im Meditieren der Psalmen entdecke ich diese Begegnungen wieder und so verdichten sie sich Tage, Wochen oder Monate danach im Ringen um neue Worte, die aus meinem Innern fließen.
Mit diesen 150 Meditationstexten möchte ich ermutigen zu einer Spiritualität des Alltags, wo im mühsam-befreienden Selbstwerdungsprozeß und in unserem Hunger und Durst nach Frieden in Gerechtigkeit Gott erahnt

wird als die schöpferisch-heilende Lebenskraft in jedem Menschen. Diese Gebete möchten auch das Leben in seiner ganzen Fülle in unsere Gottesdienstfeiern hineinholen, in einer Sprache, die die Menschen bewegt, aufwühlt und berührt.

Allen, die mich während Jahren unterstützt haben, mein Leben schreibend-betend auszudrücken, danke ich sehr. Dieser Dank gilt besonders Herrn Professor Erich Zenger, der mich nicht nur durch sein Vorwort bestärkend unterstützt, sondern durch seine Ermutigung, diese Psalmen zu schreiben. Dankbar bin ich auch Frau Ute Krüger und Herrn Karl Mehl vom Claudius Verlag für ihre wohlwollende Aufnahme dieses Buches in ihrem Programm.

So kann die Sprachlosigkeit überwunden und unserer Seele mehr Raum zum befreienden Aufatmen geschenkt werden. Auch aus dieser Hoffnung lebt dieses Buch.

Neuchâtel, Abbaye de Fontaine-André,
dem Herbst 1996 entgegen *Pierre Stutz*

Vorwort

Was die Psalmenbeter über die Jahrhunderte hinweg an den Psalmen Israels faszinierte und was die Psalmen auch vielen sogenannten nicht-religiösen Menschen (falls es diese überhaupt gibt, woran ich zweifle) nahegebracht hat, ist ihre poetische Gestalt. Gewiß, nicht alle Psalmen sind in gleicher Weise sprachliches Kunstwerk, aber in irgendeiner Weise eignet ihnen allen eine dichterische Kraft, die nicht nur den Verstand, sondern die emotionale, personale Mitte der Psalmenbeterinnen und Psalmenbeter anspricht und zur Identifikation, zum Widerspruch und zum »Weiterschwingen« anstößt.
Solches Weiterschwingen geschieht in den von Pierre Stutz hier vorgelegten Psalmengebeten in der für die Psalmen typischen Sprache. Sie ist konkret, weil sie die erfahrene Wirklichkeit ausdrückt. Und sie ist offen zugleich, weil sie die doch so unterschiedlichen Weisen der Erfahrung wecken und verwandeln will – als klagende und lobende Gott-Suche.
Pierre Stutz wählt einzelne Psalmenverse aus und bringt sie mit neuer Expressivität zum lebendigen Weiterschwingen. In der schon für die Psalmen selbst charakteristischen Bildcollagentechnik werden Bilder und Metaphern zu einer Gebetssprache komponiert, die die Widersprüchlichkeit des Lebens nicht nivelliert, und den so aktualisierten biblischen Psalmenversen das gibt, was sie sein wollen: Sprache der Zuflucht, außerhalb derer die Welt zerbricht. Die biblischen Psalmen sind das Festhalten am Gott der Gerechtigkeit und der Güte inmitten einer Welt der Schmerzen und des Leids. Sie sind Gebete der offenen Augen, die das Leid nicht übersehen wollen, als Schrei nach dem Gott, der die Gebeugten aufrichtet, und als Lobpreis aus dem Munde der Kinder und Säug-

linge der Mutter Zion das Bollwerk, das der Gott Israels, der für uns Christinnen und Christen der Gott und Vater Jesu Christi ist, inmitten der feindlich-chaotischen Welt gegründet hat (vgl. Psalm 8,3). Die Psalmen klagen, wie das Vaterunser, das Kommen des Gottesreiches ein – mitten im Feuerofen der Geschichte (vgl. Daniel 3).
In einem Brief an seinen Verleger schreibt Rainer Maria Rilke: »Ich habe die Nacht einsam hingebracht und schließlich die Psalmen gelesen, eines der wenigen Bücher, in dem man sich restlos unterbringt, mag man noch so zerstreut und ungeordnet und angefochten sein.«
Weil die Psalmen verdichtetes Leben sind, kann sich jede und jeder in ihnen wiederfinden – im klagenden Nein zum Leid und zur Gewalt, in der Gottessehnsucht mitten in Krankheit, Zweifel, Einsamkeit und inmitten von Anfeindungen und Haß, aber auch im beglückten Dank für erfahrene Hilfe durch Menschen und durch das Geschenk der Gottesnähe, sowie schließlich im selbst- und interesselosen Rühmen des (trotz allem) gütigen und barmherzigen Gottes. In dieser Form der Psalmenverlebendigung sind die hier versammelten Psalmengebete von Pierre Stutz eine großartige Einführung.

Münster, den 23. Januar 1996 *Prof. Dr. Erich Zenger*

Verwurzelt der Mensch

Verwurzelt der Mensch
der wagt zu seiner Meinung zu stehen
der sich wehrt
auch für die Rechte der kleinen Leute

Verwurzelt der Mensch
der darauf vertraut
daß es wohl auf ihn ankommt
aber letztlich nicht von ihm abhängt

Er wird sein wie ein Baum
am Wasser verwurzelt
auch wenn um ihn die Dürre sich ausbreitet
so bringt er Früchte

Wenn die Kritik und die Zweifel kommen
wird er sich besinnen
auf den Fluß des Urvertrauens
der auch durch ihn fließt
er wird nicht alleine gegen den Strom schwimmen
und die göttliche Quelle
immer neu in sich entdecken

Nach Psalm 1,3

Beim Namen gerufen

Warum toben die Völker
warum machen die Nationen vergebliche Pläne
warum wird der Mensch
dauernd Opfer des Menschen

Unerträgliche Schreckensbilder
lassen mich nicht mehr los
verstümmelte Menschen
vertriebene Völker
angezündete Häuser
hungernde Kinder
vergewaltigte Frauen
explodierende Bomben
fremdenfeindlicher Applaus

Entfremdet bist Du Gott
uns geworden

Wie soll ich länger von Dir erzählen
wie von einem Menschen
den ich liebe

In der vertrauensvollen Erinnerung
daß Du jeden Menschen beim Namen rufst
und durch unseren empörten Aufstand
alle jene warnst
die Deine Verheißung mißachten

Wohl allen die Dir vertrauen

NACH PSALM 2,1.12

Wenn Worte hohl werden

Viele gibt es
die von mir sagen
er findet keine Befreiung bei Gott
denn sie spüren
wie schwer es mir fällt
von Dir zu reden
von Deiner Güte zu erzählen

Täglich verliere ich Boden unter den Füßen
und ich stammle beim Beten
hohl und leer erscheinen mir alle Worte

Ich sehne mich nach Zeiten
wo ich zu Dir reden konnte
wie zu einem Freund
jetzt bist Du mir so fern
und ich schreie nach Dir

Nur manchmal erahne ich Dich
Augenblicke erfüllten Lebens
laß sie nicht einmalig sein

Nach Psalm 3,3

Du hast mir Raum geschaffen

Wenn ich schreie
wird jemand mich hören
wenn ich zugrunde gehe
werde ich Dich antreffen

Du Gott
hast mir Raum geschaffen
als mir Angst war
doch jetzt bestimmt die Angst
mein Leben
ich schließe mich ein
und fühle mich einsam und verlassen

Ich halte Ausschau nach Menschen
die mir entgegenkommen
mir weiten Raum
für meine schwachen Seiten zugestehen

Doch sie sind nicht da
so wenig wie ich da bin
um mir Versagen einzugestehen

Du laß mich diese Nacht
Dein Entgegenkommen erfahren

Nach Psalm 4,2

Dir gefällt Unrecht nicht

Vernimm mein lautes Schreien
schon am Morgen beim Zeitunglesen
verliert die Hoffnung ihr Gesicht

Friede bleibt ein verlogenes Wort
Frauen werden vergewaltigt
Kinder sexuell mißbraucht
Apartheid feiert neue Siege
Fixer gejagt wie Freiwild

Wehrst Du Dich mit uns
Du bist kein Gott
dem Unrecht gefällt

Stifte uns an zur Gerechtigkeit
laß uns nicht selbstzufrieden werden
verunsichere ihr falsches Gerede von Menschlichkeit

Durchbrich unsere Ohnmacht
durchkreuze ihre Pläne
stärke unsere Zivilcourage
vernichte ihre Strategien
subito

Nach Psalm 5,3.5

Sehnsucht nach Geborgenheit

Verloren irre ich umher
nirgends ein Ort

Verloren ziehe ich durch die Gassen der Stadt
gejagt wie die Fixer
vor mir selber auf der Flucht

Vergebens
überall
wo ich hingehe
bin ich schon da

Ich kann nicht mehr
ich bin erschöpft vom Seufzen
jede Nacht benetzen Ströme von Tränen mein Bett
mein Auge ist betrübt vor Kummer

Werde ich jemals Geborgenheit finden

Nach Psalm 6,7.8

Beende die Spirale der Gewalt

Befreie mich
man verfolgt mich
rette mich
den ganzen Tag
jage ich dem Stoff nach

Jetzt werde auch ich gejagt
sie reißen mir die Spritze aus dem Arm
streuen den kostbaren Stoff auf den Boden

Die Spirale der Gewalt dreht und dreht sich
Einbruch um Einbruch
wenn nichts mehr geht
laufe ich mich wund auf dem Strich

Du
steh auf in mir
erhebe Dich gegen meine wütenden Feinde
hilf mir auszubrechen aus dieser Hölle
wende Dich mir zu Gott
auch durch andere
die an mich glauben

Nach Psalm 7,2.7

Durchbrich meine Zweifel

Warum bist Du Gott
noch nicht an uns Menschen verzweifelt

Was fasziniert Dich
trotz der jahrhundertelangen Unheilsgeschichte
an uns

Ich verzweifle manchmal
an der Gewalt
die Menschen einander zufügen

Doch mit Dir frage ich mit letzter Kraft
was ist der Mensch
daß Du an ihn denkst
des Menschen Kind
daß Du Dich seiner annimmst

Deine Antwort scheint auszubleiben
oder bist Du es
der in jeder Friedensinitiative
seine leidenschaftliche Liebe im Menschen erneuert

Bist Du es der angsterfüllte Blicke
in strahlende offene Augen verwandeln kann

Durchbrich meine Zweifel
laß mich Dich
in allen Begegnungen erahnen

Nach Psalm 8,5

Du lebst in uns

Danken will ich
Dir Schwester Geist
aus ganzem Herzen
verkünden will ich
all Deine Wunder

Du lebst in den Frauen und Männern
die sich bei Amnesty International engagieren

Du wirkst im gewaltfreien Widerstand
gegen die zerstörende Atomenergie

Du bewegst Dich in den Menschen
die auf der Straße gegen Rassismus kämpfen

Du widersprichst allen
die die Würde des Menschen mißachten

Bei Dir ist der Arme nicht auf ewig vergessen
des Elenden Hoffnung ist nicht für immer verloren

Du kennst unser Leid
bist längst hinabgestiegen
um durch uns
Deiner Hoffnung eine Chance zu geben

Erinnere uns täglich an Deine Gegenwart
im Feiern des Lebens

Nach Psalm 9,2.19

Wo bist Du

Warum bist Du so fern und verbirgst
Dich in Zeiten der Not und der Resignation

Jene
die sich abfinden mit der Ungerechtigkeit
haben es gut
sie schlafen sorglos

Mich überfallen Zweifel und Ohnmacht
auch ich habe genug mich einzusetzen

Keine neue Weltordnung in Sicht
alles bleibt beim alten
investiert wird nur
um noch mehr Profit zu machen

Hinter verschlossenen Türen
blüht ihr dreckiges Geschäft
mit der einen Hand verkaufen sie Milchpulver
für sterbende Kinder
mit der andern Waffen
um Arbeitsplätze zu erhalten
sie erhalten Orden der Menschlichkeit
für ihre hinterlistigen Taten

Warum lassen wir das zu
wann durchschauen wir ihre Macht
wann wählen wir sie ab
damit Deine Gerechtigkeit durch uns sichtbar wird
mitten in der Arbeitswelt

Nach Psalm 10,1

Wie vertrauen

Steh uns bei
Du
resigniert sind wir
das Vertrauen in uns ist weg

Lügen gewinnen die Oberhand
auch in der Kirche

Sie reden vom Dienen
und spielen täglich ihre Macht aus

Jene die
die Wahrheit sagen
werden mundtot gemacht

Bei Dir finden wir Zuflucht
wenn Du uns zurückführst
zu den Anfängen der Kirche
wo alle bestimmen konnten

Stürze die Mächtigen
die uns die Verheißung
Dein Volk zu sein
nicht mehr zutrauen

Laß Deine Botschaft neue Kraft gewinnen
durch unseren Widerstand hier und jetzt

Nach Psalm 11,1

Wie lange noch

Wie lange noch vergißt
Du
mich und verbirgst Dein Gesicht
wie lange soll ich sinnlos umherirren

Tag und Nacht fühle ich mich nirgends wohl

Wie lange noch soll Hoffnungslosigkeit
und Mißtrauen mich leiten

Wende Dich mir zu Gott
mache hell meine Augen
damit ich nicht draufgehe
und die Resignation nicht siegen wird

Viele freuen sich
wenn ich nicht mehr an Deiner Radikalität festhalte
sie fühlen sich bestätigt in ihrem alltäglichen Trott

Trotz meiner Zweifel
vertraue ich auf Dich
weil Du aufstehst
und den Verachteten Heil schenkst

Du
wirst mich neu beleben
mit Deiner Vision einer Welt
wo Menschen sich einander zuwenden

Nach Psalm 12,6

Wenn alles nicht wahr wäre

Überall höre ich
daß der Sozialismus abgedankt hat
wie wenn der Kapitalismus uns Mensch werden ließe

Überall höre ich
es gibt wohl einen Gott
nur konkret darf er nicht werden

Wie lange muß ich diesen Schmerz
ertragen in meiner Seele

Du
wirst Dich nicht beirren lassen
wir Menschen warten alle Tage
auf Deinen subversiven Geist
der den Menschen und nicht das Kapital
ins Zentrum stellt
damit alle Brot und Rosen haben

Du
wirst uns die Verheißung
Deiner Prophetinnen und Propheten
neu in unsere Herzen legen
damit uns Zukunft geschenkt ist

Nach Psalm 13,3

Du suchst uns

Immer suchst
Du uns
gibst nicht auf
mit uns Deinen Traum
einer zärtlicheren Welt zu träumen

Ohne Unterbrechung
hältst Du Ausschau
ob noch ein Verständiger da ist
der Dich sucht

Wann begreifen wir endlich
daß wir Dir nicht dienen müssen
sondern es uns zutiefst dient
Deine Stimme der Gerechtigkeit
in uns zu hören und auf Deine Anstiftung
zur Solidarität zu achten

Suche uns weiterhin alltäglich auf

Nach Psalm 14,2

Deine Nähe suchen wir

Wer darf in Deiner Nähe sein
und Dein Gast sein

Jene
die trotz Rückschlägen versuchen
sich für die Rechte der Unterdrückten einzusetzen
jene
die Dich in sich selber entdecken
im Hunger und Durst nach Deiner Gerechtigkeit

Wer wird Deine Nähe erfahren
jene
die sich umarmen und trösten lassen
jene
die sich zärtlich begegnen
jene
die tanzen und feiern
Brot und Wein teilen

Da bist
Du Gott
ganz nah

Nach Psalm 15,1

Du allein genügst mir

Du Gott
ich versuche Dir zu vertrauen
ich versuche zu sagen
Du bist mein Lebenssinn
es gibt für mich kein Glück außer Dir

Eine gewagte Aussage
habe ich Grund genug
es mit Dir zu wagen

Ich bin unsicher wie noch nie

Du warst mir so nahe
in der Stille spürte ich Deine Nähe
Deine Worte berührten mich zutiefst

Jetzt bleibt nichts als Leere in mir
Du bist mir abhanden gekommen

Oder habe ich Dich losgelassen
um Dich neu zu finden
Bilder von Dir sterben lassen
damit Du neu in mir auferstehen kannst
und Du mir den Weg zum Leben zeigst

Nach Psalm 16,2.11

Tod unseres Kindes

Du Gott
in unseren Armen
liegt unser totgeborenes Kind

Noch hörten wir sein Herz schlagen
noch waren die Schmerzen der Geburtswehen
eingebettet in die Hoffnung

Jetzt liegt es da
ganz klein
ganz verletzlich

Schreien möchten wir
doch unsere Tränen bleiben stecken im Schock

Unser Kind
liegt in unseren Armen
jeden Moment wird es schreien
jeden Moment wird das neunmonatige Warten
ein Ende haben

Doch unser Kind
bewegt sich nicht
unsere Tränen der Verzweiflung und der Zärtlichkeit
fließen über sein Gesicht
sie werden es zum Erwachen bringen

Mein Gott
wo bist Du in diesen Stunden der Not

Zum zweiten Mal müssen wir unser Kind loslassen
bevor wir es richtig halten konnten

erdrückendes Schicksal verfolgt uns
wie hart und brutal ist unser Leben
wie können wir darin Dein Wohlwollen entdecken

Zu Dir rufen wir
behüte unser Kind wie Deinen Augapfel
birg uns im Schatten Deiner Kraft

Du hast die Kinder in Deine Arme genommen
und sie gesegnet
segne auch unser Kind
und nimm uns tröstend in Deine Arme

Nach Psalm 17,6.8

Zerschlagen die Hoffnung

Zerschlagen die Hoffnung miteinander
ein Stück Weg zu gehen
hart anzunehmen
daß Berührung nicht mehr möglich ist
traurig die Erfahrung einander zu bekämpfen

Ab und zu Momente des Aufatmens
Begegnung wird wieder möglich

Augenblicke
die Vertrauen erahnen
daß alles wieder gut wird

Doch dann schlagartig die alten Muster und Mauern
verbunden mit der Frage
ob nicht Du Gott uns aus Verstrickungen
hinausführst in neue Weiten
ob wir mit Dir
die Mauern des Mißtrauens überspringen
mache Du unsere Finsternis hell

Nach Psalm 18,29–30

Befreiende Selbsterkenntnis

Der erste Schritt
Dir Gott zu begegnen
ereignet sich in meiner Selbsterkenntnis

Der Gedanke ewig hinter
meinen Möglichkeiten zu bleiben
die mir zur Menschwerdung gegeben sind
macht mich unruhig

Ich verstecke mich vor mir
Selbsterkenntnis wird zum Labyrinth ohne Ausgang
schwer fällt es mir
der Wahrheit ins Gesicht zu schauen
die Angst vor Veränderung ist zu groß
ich verstricke mich in Ausreden
die längst nicht mehr stichhaltig sind

Wer bemerkt seine eigenen Fehler
sprich Du mich frei von Schuld
die mir nicht bewußt ist

Durch Menschen
die an mich glauben
die mir mit Wohlwollen begegnen
und in mir die beharrliche Geduld wecken
um mir und meiner Verwandlung
nicht zu sehr im Wege zu stehen
durch Dich
die versöhnende Kraft in meinem Leben

NACH PSALM 19,13

Kraftvolle Erinnerung

Mitten in deinen Selbstzweifeln
wünsche ich dir
unerwartet jenes Wort
das aufrichtet zum nächsten Schritt
jene zärtliche Geste
die bewegt zu mehr Selbstvertrauen
jene Erinnerung
die vom Aufbruch aus auswegloser Situation erzählt

Hoffnungsvolle Bilder
wünsche ich dir
die dich mehr zu dir selber führen

Eine Utopie
oder jene einzige Möglichkeit
Unmögliches zu wagen
Resignation zu durchbrechen

In unerwarteten Begegnungen
sei dir geschenkt
was dein Herz sucht

Kraftvolle Erinnerung
an gelungene Momente der Selbstwerdung

Nach Psalm 20,5

Ansehen schenken

Der Hoffnung mein Gesicht geben
dem Vertrauen meine Füße leihen
dem Glauben meine Hände schenken
im Fließen meines Atmens
meine Fähigkeit zu lieben genießen
der Verheißung trauen
gesegnet zu sein

Du Gott
läßt uns zum Segen werden
weil Du uns wohlwollend ansiehst

NACH PSALM 21,7

Keine Luft mehr zum Atmen

Mein Gott mein Gott
warum hast Du mich verlassen

Wie abgeschnitten lebe ich
abgeschnitten von meinen Freundinnen und Freunden
von meiner Lebenskraft

Mein Strick ist bereit
schon lange in meiner Tasche

Manchmal mit der leisen Hoffnung
dadurch Halt zu finden
doch zu oft mit der Phantasie
mich zu erhängen

Mein Gott ich rufe bei Tag
doch Du gibst keine Antwort
ich rufe bei Nacht
und finde doch keine Ruhe

Konsequent wäre es schon lange
habe ich doch keine Luft mehr zum Atmen

Tag für Tag
immer mehr an Boden verloren
seit Wochen das Gefühl
hängen gelassen worden zu sein

Nächtelanges Umherstreifen in den Kneipen der Stadt
haltlos
irrend
gejagt
von der Sehnsucht nach Geborgenheit

Alles ist mir fremd geworden
einzig der Tod ist mir am nächsten

Die leise Hoffnung
daß Du
mich beim Fallen auffangen wirst

Nach Psalm 22,2–3

Grund meiner Hoffnung

Du Gott
bist der Grund meiner Hoffnung
Du lebst als tiefes Geheimnis in mir

Kommen auch Tage des Zweifels
der Ungewißheit
wo vieles wie eine große Lebenslüge erscheint
so versuche ich vertrauensvoll zu Grunde zu gehen

Weil Du
mich durch diese Verunsicherung
zur Quelle des Lebens führen wirst
damit in mir auch Schwäche und Ohnmacht leben darf

So wird mir nichts mehr fehlen
und ich finde neue Geborgenheit in Dir

Nach Psalm 23,1

Deine Spur ertasten

Wie wirst Du Gott
Dich ereignen in unserer vereinsamten Welt
wie wirst Du
uns berühren in unseren erstarrten Beziehungen
wie wird Dein Atem uns zur Hoffnung bewegen

Wenn Menschen nach Dir fragen
Dein Antlitz suchen
im unbequemen Widerstand für eine Welt
die in der Zuwendung zur Gerechtigkeit neu erwacht
im Kampf für Orte
wo Frauen und Männer
ihre Identität neu erfinden können
im erotischen Spiel der Liebenden
Frucht Deiner schöpferischen Kraft

Da begegnen wir Dir
tasten nach Deiner Spur
in unserer Lebensgeschichte

Nach Psalm 24,6

Neue Lebensperspektiven

Wende Dich mir zu
denn ich bin einsam und gebeugt
meine Erinnerungen an meine Kindheit quälen mich
schreckliche Bilder eines entwürdigten Menschseins
verfolgen mich
Angst befällt mich nie mehr aufrecht gehen zu können
geschädigt für's Leben zu sein

Befreie mein Herz von der Angst
führe mich hinaus aus der Bedrängnis

Eröffne mir neue Lebensperspektiven
wo ich vor meinen Verwundungen nicht länger
davonlaufen muß
sondern sie in mein Leben integrieren kann

Laß mich nicht scheitern
erschlagen von endlosen gewaltvollen Träumen
die jede Nacht neue Brutalität in mein Bewußtsein bringen

Leide mit mir
schreie mit mir
hoffe mit mir
im Erinnern
Aufdecken
Anklagen
Kämpfen
Loslassen
Auferstehen zu neuer Lebensqualität

Nach Psalm 25,16.17.20

Sehnsucht nach Heilung

Verschaffe mir Recht Du Gott
mißbraucht bin ich worden

Kaum konnte ich alleine gehen
war mein unbekümmertes Spielen zu Ende
mein Vater zog mich an sich
mißbrauchte meinen bedingungslosen Glauben
an das Gute im Menschen

Zerbrochen mein Urvertrauen
zerschlagen meine Spontanität
Angst und Mißtrauen bestimmen von nun an mein Leben

Nie mehr kann ich Dich Vater oder Mutter nennen
zu schmerzvoll sind die Erinnerungen an mein Leid

Raff mich nicht hinweg
an seinen Händen klebt die Schandtat
in meinem Schmerz laß mich andere Frauen finden
mit denen ich meine Leidensgeschichte teilen kann

Laß uns Dich als neue Lebenskraft erfahren
die sich wehrt gegen sexistische Strukturen
jedes Jahr werden Tausende von Mädchen und
Jungen sexuell mißbraucht
werden tief in ihrem Herzen für immer verwundet

Wann nimmt diese unheimliche Gewalt ein Ende
wann werde ich je wieder Heilung erfahren
damit meine Füße wieder auf festem Grund stehen

Nach Psalm 26,1.9.12

Kraft des Lebens

Du
bist die Kraft meines Lebens
vor wem sollte mir bangen

Wenn unerträgliche Tage nicht enden wollen
wenn mein Atem der Hoffnung zu ersticken droht
wenn alles sinnlos und leer erscheint

Suche ich umso mehr nach Berührungspunkten mit Dir
wenn auch hier sich im Moment keine Spur abzeichnet
so bin ich einfach da
versuche Deine Abwesenheit auszuhalten
Bilder von Dir loszulassen
um Dich neu zu entdecken
um Dir neu begegnen zu können

Kommst Du mir entgegen

Nach Psalm 27,1

Umdenken

Zu Dir schreie ich
wende Dich nicht schweigend von mir ab

Ich ertrage es nicht mehr
wie wir weiterhin jene Völker ausbeuten
die voll von Deiner Lebensfreude sind
mich erschüttert die Spirale der Gewalt
die in unseren Städten zunimmt
ich traue mich nicht mehr abends alleine
unterwegs zu sein
mich erschreckt wie viele mit ihren Autos
weiterhin unsere Luft verschmutzen

Wende ihr Tun auf sie selber zurück
laß nicht zu Gott
daß diese Todesmächte uns weiterhin
ein geglücktes Leben vorgaukeln
stifte uns an zum Umdenken hier und jetzt

Nach Psalm 28,1.4

Faszinierende Schöpfung

Deine Spuren
entdecke ich im Tau auf den Feldern
Du atmest in jeder Pflanze
Du lebst in der geheimnisvollen Stille der Wüste
die Palmen erzählen von Deiner Größe
die Oasen und Meere holen uns hinein in Deine Kreativität
der Sternenhimmel läßt mich staunen

Du Freundin Geist
bist der verbindende Atem unserer Schöpfung
berühre Du uns zur achtsamen Sorgfalt
schenke uns Kraft und Frieden
im Einstimmen ins Lob Deiner Schöpfung

Nach Psalm 29,11

Wo waren wir

Ob er Dir begegnen wird Gott

Er
der sich damit abgefunden hat
daß Begegnung nicht möglich war

Ob er Deine Zuwendung annehmen kann

Er
der sich nicht mehr getraute jemandem
in die Augen zu schauen
weil ihm kein Ansehen vergönnt war

Ob er in Dir Heimat finden wird

Er
der heimatlos und ausgestoßen war
sein verwundeter Hals zeugt von seiner Einsamkeit
vor mir liegt jener Strick
der ihm endgültig die Luft abschnitt

Wo waren wir und wo war Deine hoffnungsvolle Kraft
die doch in jedem von uns lebt
Du hast Dein Gesicht verborgen
wirst Du unsere Klage in Tanz verwandeln können
Du wende Dich ihm für immer zu

Nach Psalm 30,8.12

Zerbrochen

Ich aber dachte in meiner Angst
ich bin aus Deiner Nähe ausgestoßen

Mein Urvertrauen aufgelöst
in der Angst vor Liebesentzug
ab und zu der Versuch mich auszudrücken
und wie immer verletzende Antworten

Nicht so schlimm
Kopf hoch
du schaffst es sicher

Dieses Lebensprogramm ließ mich innerlich verstummen
dreimal täglich gelernt zu schlucken
gelernt zu verstummen
versteinert zu werden

Obwohl ich mich
wie ein zerbrochenes Gefäß fühle
vertraue ich Dir Gott
Quelle aller Hoffnung

Du wirst mich verwandeln
Du läßt mein versteinertes Herz
feinfühlig werden für meine Verletzungen

Nach Psalm 31,13.23

Verdorrte Lebenskraft

Gewalttätig bin ich geworden
erschreckt über meine Aggression
sitze ich in der Zelle des Gefängnisses
auf der Flucht vor meiner Geschichte
holt sie mich überall ein

Solang ich meine Schuld verschwieg
waren meine Glieder matt
krank machte mich meine Unehrlichkeit
unerträglich ist es mir geworden
mir dauernd etwas vorzumachen

Meine Lebenskraft ist verdorrt
wie durch die Glut des Sommers

Der Anblick eines Menschen ermöglichte mir
zu mir zu stehen
ein Versuch
den ich erneut wagen will

Sprichst Du Gott mir zu
daß ich neu anfangen kann

Nach Psalm 32,3.4

Kraftvolle Leidenschaft

Du liebst die Gerechtigkeit und das Recht
wer sich dafür exponiert
lebt Deine kraftvolle Leidenschaft

Tag für Tag wird das Recht mit Füßen getreten
Menschen werden deportiert
vergewaltigte Frauen vor dem Gericht
nochmals gedemütigt

Du Gott scheinst so fern
obwohl Du in der Ärztin lebst
die als Zeugin auftritt
Deine Ideale scheinen verloren
obwohl sich in Demonstrationen
Menschen für »Frieden jetzt« einsetzen

Dein Gesicht ist wahrnehmbar
in fairen Auseinandersetzungen
im Umgang mit Macht
Dank Dir
wird Deine Gerechtigkeit
jeden Tag neu in vielen Herzen geboren
im Einsatz für die Rechte der Menschen
wird Dein Name zum glaubwürdigen Manifest
Dich zu loben
heißt den Verstummten
unsere Stimme zu leihen

Nach Psalm 33,5

Spannendes Leben

Oft lebe ich in den Tag hinein
zu vieles ist mir selbstverständlich geworden
doch jetzt will ich danken für alle
die mir Gutes zusprechen
für meine Wohnung
die mir Beheimatung ermöglicht
für meine Freundinnen und Freunde
die mit mir die Gratwanderung der Menschwerdung wagen
Deine Großzügigkeit erlebe ich
im Genießen beim Essen
in der zärtlichen Umarmung
in der Musik
im befreienden Sport

Gerne schätze ich diese guten Seiten des Lebens
da Du den gebrochenen Herzen nahe bist
werden mir diese geschenkten Gaben zur Aufgabe
im Teilen meiner Lebenslust mit den Vereinsamten
Obdachlosen Hungernden und Ausgegrenzten

Beides erzählt von Dir
das Feiern des Lebens
der Aufstand für das Leben

Sei Du
die Mitte in diesem spannenden Leben

Nach Psalm 34,19

Aids

Aids wuchert in mir
Ablehnung kommt mir entgegen
fast niemand will mit mir reden

Angst umzingelt mich
nicht Angst vor dem Sterben
sondern vor dem sozialen Tod

Du Gott entreißt den Schwachen dem
der stärker ist
den Schwachen und Armen dem
der ihn ausnützt

Genügend Vorwürfe sind in mir
wütend
ausgenützt
ausgeliefert zu sein
hörig war ich
meine Sehnsucht nach Geborgenheit
wurde mir schnell zur Hölle
lange glaubte ich an das Gute im Menschen
bis ich zusehen mußte
wie ich erniedrigt wurde
doch ich kam nicht los von ihm
verstrickte mich im Netz der Leidenschaft

Verschaff Du Gott
mir Recht nach Deiner Gerechtigkeit
laß Du mich aufrichtig werden
sei Du jener der aufrichtet

Nach Psalm 35,10.24

Krise zu neuem Leben

Durchbruch
endlich gewagt mich anzuvertrauen
meine Schattenseiten anzuschauen
meine Verletzungen behutsam zu berühren
meine Wut auszudrücken

Endlich erahnen wie
Du
mich durch diese Krise
zu neuer Lebenskraft begleitest

Bei Dir ist die Quelle des Lebens

Nach Psalm 36,10

Stille wagen

Sei still vor Gott
vertiefe in der Stille jede Begegnung
spüre in deiner Einsamkeit
deiner Ohnmacht nach
entdecke deine Wut
die du überspielt hast

Ruhe kehre in dir ein
nicht im Fliehen vor dir
sondern im Entdecken deines
Hungers und Durstes nach Gerechtigkeit

Nimm Gott neu wahr
damit du dir treu bleibst
und nahe all jenen
die auf dich vertrauen

Du Gott
lädst ein zur Quelle
um das Leben zu vertiefen
um Kraft zu schöpfen
Du bringst Deine Gerechtigkeit hervor
wie das Licht und das Recht so hell wie der Mittag
Du schenkst Heil
im Mut zur Stille
um danach noch konsequenter
auftreten zu können als Anwalt der Entrechteten

Nach Psalm 37,6.7

Angst geht um

Freunde und Wegbegleiterinnen
bleiben mir fern in meinem Unglück
und meine Nächsten meiden mich

Es bestätigt meine Angst
abgelehnt zu werden
nicht mehr zu genügen
vor allem mir selber nicht

Angst im Abfalleimer zu landen
ausgenützt
verbraucht
Angst
daß mein Lebensentwurf
in sich zusammenfällt
nichts als Leere und inneres Chaos zurückbleibt
Angst
die mich entfernt von mir
Angst
die mich endlich zu mir führt
meinem wahren Gesicht

Da wo
Du
erfahrbar wirst
weil ich mir nichts mehr vormachen kann

Bleibe mir nicht fern
beeile Dich mir entgegen

Nach Psalm 38,12.22–23

So wie ich gemeint bin

Jahrelang blieb ich stumm und still
ich schwieg vom Glück verlassen
doch mein Schmerz war aufgerührt

Jetzt will ich leben
meine Ängste und Sehnsüchte nicht mehr unterdrücken
weil Du Gott
nirgends anders bist
als in meiner Suche nach mir selber

Das
was Du ursprünglich in mir angelegt hast
wird wachsen und reifen

Ich kann so werden wie Du mich
von Anfang an gemeint hast

Vernimm mein Schreien
schweig nicht zu meinen Tränen
damit Deine Verheißung
Dein Abbild zu sein
sich in mir verwirklicht

Nach Psalm 39,3.13

Vertrauensvolle Zuneigung

Ich hoffe auf Dich Gott
Du neigst Dich mir zu
und hörst mein Schreien

Auch in Zeiten der Oberflächlichkeit
und der Resignation
traue ich Dir Wundervolles zu

Du
durchbrichst unsere Gleichgültigkeit
Du
durchkreuzt unsere Kleinherzigkeit
Du
heilst unsere Lahmheit
holst uns heraus aus Sattheit und Langeweile
stiftest uns zum sinnvollen Handeln an
damit Wunderbares geschieht und
Menschen sich neu begegnen können
Türen und Herzen sich zur Gastfreundschaft öffnen

Dank
sei Dir immer gesungen

Nach Psalm 40,2

Umgeben von Mißtrauen

Umzingelt von gelernten Mustern und Mechanismen
umgeben vom tiefen Mißtrauen
zurückgestoßen zu werden
ummauert von der Gewißheit
nicht schwach sein zu dürfen

Unterwegs mit der Einbildung
daß auch mein Freund
dem ich vertraute
gegen mich ist

Mein Innerstes verpanzert aus Selbstschutz
tief in mir die Sehnsucht
diesen Teufelskreis durchbrechen zu können
beachtet zu sein vor aller Leistung

Ein Versuch
ehrlich zu werden mit mir
wenn ich aufrichtig bin
hältst Du Gott mich fest

Diesen Versuch will ich wagen

Nach Psalm 41,10.13

Das ausgesetzte Kind in mir

Meine Tränen sind mein Brot Tag und Nacht
denn man sagt zu mir ohne Unterbruch
wo ist nun Dein Gott

Meine Krise wird ihr Fragen beenden
denn das ausgesetzte Kind in mir
wird endlich schreien und meine Lebenslügen entlarven

Ich versuche es in meine Arme zu nehmen
um mit ihm den Weg in die Tiefe zu gehen
wo mein Schmerz leben will
wo Du
anzutreffen bist
weil Du die Krise bewirkt hast
um mich zu befreiterem Leben zu ermutigen

Nach Psalm 42,4

Verunsichert

Richte mich auf Gott
nimm Dich meiner Sache an

Ausgesetzt auf den Straßen der Erwartungen
alleingelassen mit der Sehnsucht
berührt zu werden
zurückgeblieben mit den Fragen der Menschen
die mich fast erdrücken und
mich auf mich selber zurückwerfen
umherirrend in den Gassen der Verunsicherungen

Unruhig
angstbeladen
nirgends anzukommen
als in meinem Abgrund
kann ich so verwirrt
meine Hoffnung auf Dich setzen

NACH PSALM 43,1

Erwecke uns

Wahnsinniger Krieg in unserer Nähe
gefolterte Kinder
bedrückende Bilder von Hungernden

Warum verbirgst
Du Gott
Dein Gesicht und vergißt unsere Not

Erwecke uns aus dem Schlaf der Oberflächlichkeit
laß uns nicht kraftlos liegen
unfähig aufzustehen für Frieden und Gerechtigkeit
nimm uns die Angst
nicht alleine bestehen zu können
stärke unser Vertrauen auf die Macht der Ohnmächtigen

Nach Psalm 44,25

Zärtliche Zuwendung

Fasziniert
sich einander zuwenden
sich der Herausforderung stellen
konfliktfähiger zu werden

Im zärtlichen Zusammensein
Deine schöpferische Phantasie erfahren
gemeinsam einen Weg wagen
der zur Eigenständigkeit bestärkt

Hohe Zeit
leben und feiern
Deinen Namen rühmen

Du Freundin Geist
die du Menschen zusammenführst
um Deine sinnliche Liebe zu vergegenwärtigen

Nach Psalm 45,18

Dankbare Solidarität

Drei setzten sich im Pub zusammen
aufgewühlt und beschämt
vom zunehmenden Fremdenhaß

Dreißig
riefen auf zum gewaltfreien Widerstand

Dreihundert
trotzten dem Sündenbockmechanismus
im Bereitstellen von Plakaten und Fackeln

Hunderttausende
sind mit mir heute abend unterwegs
wir bieten den dunklen Nächten unsere Stirn
und unsere verrückte Hoffnung auf eine
begegnungsfreudigere Welt
wird auf einmal konkret

Berührt von unserer gemeinsamen Kraft
entdecke ich neu daß *Du Gott*
den Kriegen ein Ende setzt
bis an die Grenzen der Erde

Schweigend staune ich wie Du
in unserer Solidaritätskundgebung gegenwärtig bist
sie sogar durch Freundin Geist angestiftet hast

Danke

Nach Psalm 46,10

Mit Leib und Seele

Klatschen wir in die Hände
verlassen wir unsere erstarrten Gottesdienstformen
loben wir Dich mit Leib und Seele

Unser ganzes Sein soll in Bewegung geraten
durch Dein befreiendes Wort
tanzen wollen wir
um im Kreis
Dich als Mitte zu feiern
die neue Lebenskraft schenkt

Setze unserer Phantasie keine Grenzen
um Dich mit immer neuen Formen
als verbindende und bewegende Kraft
im Leben zu erfahren

Nach Psalm 47,2

Gelungene Protestaktionen

Tausende sind wir
die sich nicht mehr kleinhalten lassen

Tausende sind wir
die sich nicht mehr vom Patriarchat unterdrücken lassen

Tausende sind wir
die Protestbriefe in alle Welt schreiben

Tausende sind wir
die sich nicht von kostspieligen Fliegern
für naiv verkaufen lassen

Tausende sind wir
die glauben
daß Du auch heute noch zur Abrüstung ermutigst

Tausende sind wir
die in all den gelungenen Aktionen
Deine rechte Hand spüren
die voll von Gerechtigkeit ist
uns zum solidarischen Widerstand bekräftigt

Nach Psalm 48,11

Kunst des Loslassens

Überversichert sind wir
ausgeliefert jener Manipulation
dauernd zu wenig zu haben
verschlungen vom Irrtum
Haben sei mehr als Sein

Wir verlassen uns ganz auf unseren Besitz
und rühmen uns mit unserem großen Reichtum

Leben dadurch vorbei am Wesentlichen

Das Leben genießen
sich trotzdem nicht daran klammern
um ein Gleichnis des Teilens zu werden

Berühre Du uns zur Kunst des Loslassens

Nach Psalm 49,7

Arbeitslos

Erfüllt bin ich von Trauer und Wut
strukturelle Gewalt wurde mir angetan

Gedemütigt meinen Arbeitsplatz verloren
meine Würde und Menschlichkeit
auf einmal in Frage gestellt

Umbringen könnte ich meine Gewalttäter
nie werde ich ihnen verzeihen können
ins Gesicht möchte ich ihnen spucken

Du bestärkst mich meinen Zorn auszudrücken
weil nur dadurch mein Leid anerkannt wird

Meine Schreie
werden mich von meinem Haß befreien
Du sprichst davon

Wer Gerechtigkeit liebt
dem zeig ich mein Heil

Gilt dies auch mir
vertrauend werde ich meine Wut ausdrücken
um irgendwann die Versöhnung nicht
aus den Augen zu lassen
Ungerechtigkeiten hinausschreien
um einmal verzeihen zu können
mit Dir

Nach Psalm 50,23

Sprachlosigkeit

Abwesend war ich
unfähig ein gutes Wort auszusprechen

Versagt im entscheidenden Moment
Wohlwollen entgegen zu bringen

Schuldbeladen wage ich nicht mehr
andern in die Augen zu schauen
verstumme und erstarre in meiner Selbstanklage

Kann ich mir je verzeihen
ich möchte es

Sprich Du mir Dein versöhnendes Wort zu
erschaffe mir ein reines Herz
mach mich wieder froh mit Deinem Heil
öffne meine Lippen
und mein Mund wird Deinen Ruhm verkünden

Du erweckst uns jeden Tag
zum Glauben an das Gute im Menschen

Nach Psalm 51,12.14.17

Wachsen können

Dankbar bin ich für all die Momente
wo ich mich freue an meinem Wachstum

Dankbar bin ich für all die Zeiten
wo ich zutiefst spüre
daß ich eine Existenzberechtigung habe
weil ich geliebt bin von Anfang an

Dankbar bin ich zu spüren
wie ich ein grünender Ölbaum bin
und auf Gottes Huld vertraue für immer und ewig

Nach Psalm 52,10

Erdrückende Nachrichten

Manchmal ertrage ich die Bilder
der Tagesschau kaum mehr
aus Angst vor der erdrückenden Einsicht daß
keiner Gutes tut auch nicht ein einziger

Gewalt auf dem Pausenplatz
Sarajevo ausgehungert
blutiges Drama im Kinderzimmer
Finanzskandale auf Hochkonjunktur

Machen wir uns doch nichts vor
so sieht es aus in unserer Welt

Schenk uns den langen Atem der Hoffnung
um den Einsatz für eine vertrauenswürdigere Welt
nicht aufzugeben

Nach Psalm 53,4

Meine Maske ablegen

Du hast mich herausgerissen aus meiner Not

Du Gott hilfst mir meine Maske abzulegen
damit ich mich mehr mir zuwenden kann

Zugewandt mir selber
meinem Leiden an mir
meiner Unfähigkeit gelassen zu sein
meinen krampfhaften Versuchen
mich alleine verändern zu wollen

Zugewandt unserer Welt
wo alles machbar geworden ist
wo der Sinn verloren gegangen ist
wo am Wesentlichen vorbeigelebt wird

Zugewandt
Dir
Deiner verrückten Leidenschaft
vom ehrlichen Menschen

Nach Psalm 54,9

Alpträume

Keine Nacht kann ich mehr durchschlafen
schreckliche Bilder meiner Vergangenheit holen mich ein

Bilder längst verdrängt
kommen mit voller Wucht mir entgegen

Furcht und Zittern erfaßten mich
ich schauderte vor Entsetzen

Davonspringen will ich
vor mir selber auf der Flucht
je schneller ich springe
umso mehr holt mich meine Geschichte ein

Da dachte ich
hätte ich doch Flügel
wie eine Taube flöge ich davon
und käme zur Ruhe

Meine Ruhe werde ich nur finden
wenn ich mich hinabwage in meine Schattenseiten
Du Gott wirst mich begleiten
auf Dich setze ich mein Vertrauen

Nach Psalm 55,6.7.24

Sammle meine Tränen

Manchmal verliere ich die Kraft
an das Gute im Menschen zu glauben
Ekel steigt in mir empor
ob all der Grausamkeiten
die Menschen einander zufügen

Halt
los
Boden
los
komme ich dann zu Dir mein Gott

Du weichst meiner Verzweiflung nicht aus
mein Elend ist aufgezeichnet bei Dir
sammle meine Tränen in einem Krug
zeichne sie auf in Deinem Buch

Nach Psalm 56,9

Du befreist

Komm mir entgegen
denn ich flüchte mich zu Dir
Du befreist mich von meinem Allmachtswahn
weil auch Du nicht mehr allmächtig bist

In der Ohnmacht ist Deine Sympathie am glaubwürdigsten
Du lebst und bewegst Dich in mir
da wo ich nicht wage hinzuschauen
wo Narbe um Narbe mich verhärtet hat

Ob Du mir Heilung schenken wirst
damit ich durch meine Narben hindurch
Deinen göttlichen Kern in mir spüre

Nach Psalm 57,2

Zerbrochene Hoffnung

Zerbrochen
in tausend Stücke meine Hoffnung

Erschossen
ein Kurde vor den laufenden Kameras

Verflogen in alle Richtungen mein Vertrauen
unsere ausgezeichneten Wirtschaftsbeziehungen
haben Vorrang

Ihr Mächtigen
ihr schaltet im Land nach Willkür

Ich bleibe zurück
verraten unsere humanitären Parolen
umzingelt von den zynischen Kommentaren
daß es scheinbar Schlimmeres gäbe

Du Gott
wirst Gerechtigkeit schaffen
dieses Vertrauen lasse ich mir nicht nehmen

NACH PSALM 58,3

Selbstzweifel

Mitten in der Nacht holen sie mich ein
Zweifel an mir selber
an meiner Kraft mich zu verwandeln
hart gehe ich dann mit mir ins Gericht
Selbstzerfleischung durchdringt mich

Wenn auch ich mich am Tage auffangen kann
kommen sie wieder Abend für Abend wie kläffende Hunde
und lassen mich nicht mehr zum Schlafen kommen

In Deiner Kraft zerstreue sie
lenke Du Gott meine Blicke
auf meine Schritte der Veränderung

NACH PSALM 59,7.12

Faden Hoffnung

Hast denn Du mich verworfen
mich zurückgeworfen auf mich selbst

Bring mir doch Hilfe

Damit ich trotz
Chaos
Schuld
Verstrickungen
Angst
den Faden Hoffnung in meine Hand nehme
das Ursprüngliche in mir suche
mich nicht weiterhin beschneide
meine Aggression und Neid in mir integriere

So kann Deine schöpferische Kraft in mir lebendig werden

Nach Psalm 60,3.13

Liebendes Aufmerken

Zärtliche Berührung
verweilen in der Umarmung
in der wohltuenden Geborgenheit

Ankommen
bei
Dir
ausruhen

Dich
genießen

Liebendes Aufmerken

NACH PSALM 61,5

Raum für meine Seele

Bei
Dir allein
kommt meine Seele zur Ruhe
von Dir
kommt meine Hoffnung

Ich will nicht mehr außen suchen
was ich mir in meinem Innern schenken lassen kann

Meine Unruhe werde ich überwinden
wenn ich wage die Stille auszuhalten
wenn ich lerne
einen neuen Umgang mit mir zu suchen

Im Dasein
im Ausruhen
im Genießen
im Entdecken meiner schöpferischen Fähigkeiten

So kann ich zur Ruhe kommen
hoffend mein Leben durch Dich vertiefen zu lassen

Jeden Tag neu

NACH PSALM 62,6

Sehnsucht nach Dir

Du mein Gott
Dich suche ich
in allen Ereignissen will ich Deine Spur entdecken
mitten im Alltag in Berührung kommen mit Dir
dem großen Geheimnis meines Lebens

Oft fehlt mir dieses Urvertrauen
die Gewalt
die Fremdenfeindlichkeit
die Intoleranz der Menschen
erdrücken mich oft

Grund Dich noch mehr zu leben

Nach Psalm 63,2

Ich darf sein

Höre Du mein lautes Klagen
schütze mein Leben

Nie wieder mich unterdrücken lassen
nie wieder so leben wie ihr es wollt
angepaßt
unerlöst
ausbrechen
schöpferisch werden
mich entfalten

Sein dürfen

Trotz Gebrochenheit
Schatten
Schuld
Unvermögen
Erstarrung
Verwundung
Eifersucht
Hader
Ohnmacht
Zweifel

Sein dürfen hier und jetzt
bei Dir Gott zählt nicht was ich war
sondern was ich bin

Nach Psalm 64,2

Großzügigkeit erfahren

Mit beiden Füßen auf dem Boden stehen
Dich Gott als Grund erfahren
der uns trägt

Dich in der Schöpfung entdecken
im Genießen der Sonne
im Staunen über die schneebedeckten Gipfel
im Bewundern der Vielfalt der Blumen und Pflanzen
in der Sehnsucht nach Weite
die das Meer in uns weckt
im Umherstreifen in den Wäldern
im Hineintauchen in Deine schöpferische Phantasie

Wahrhaftig
Du vollbringst erstaunliche Taten
erhörst uns in Treue
Du Gott unseres Heiles
Du schenkst im lustvollen Verweilen in der Schöpfung
innere Heilung und neue Lebenskraft

Nach Psalm 65,6

Mitleidend

Du
nimmst das Leiden nicht aus unserem Leben
weil es scheinbar keine Liebe ohne Leiden gibt
Du gehst mit uns hindurch
verheißt uns die Kraft
Leere auszuhalten
Verunsicherung anzunehmen
Krise als Chance zu sehen

Im nachhinein kann ich sehen
wie Du mich begleitet hast
wie sich Dein Wohlwollen
wie ein roter Faden durch mein Leben zieht

Staunenswert ist Dein Tun an den Menschen

Du verwandelst
Resignation in Hoffnung
Mißtrauen in Zuversicht
Ohnmacht in Widerstand
Aggression in Versöhnung
Unterdrückung in Freiheit

Dir
vertraue ich weiterhin mein Leben an

NACH PSALM 66,5

Segnende Kraft

Du
wende Dich uns zu
sprich uns das Gute zu
laß Deine segnende Kraft spürbar werden
wenn wir uns Segenszeichen weiterschenken
einander erzählen
wie gut Du es mit uns meinst

Du bist die segnende Kraft in allen Menschen
verbindest Kulturen und Völker untereinander
im Tanz des Lebens ohne Ende

Schwester Geist
bewege und segne uns

Nach Psalm 67,8

Partei ergreifen

Menschen sind auf der Flucht
heimatlos
ausgeschlossen aus ihren Dörfern
gefangen im eigenen Land

Du
ergreifst Partei für die Minderheiten
Du
bringst die Verlassenen heim
führst die Gefangenen hinaus in das Glück
weil unsere Solidaritätsbewegung
nicht gestoppt werden kann
weil wir Resolution um Resolution verfassen
die mit der Zeit so viele aufrütteln
daß Du
in der Sorge um die Armen greifbar nah wirst

Du Gott
trägst uns
aller Rückschläge zum Trotz
bekräftigst uns nicht aufzugeben
im Vertrauen auf Dich

Nach Psalm 68,7.11.20

Rückschläge

Wie oft habe ich gemeint
diese Verletzung überwunden zu haben

Einmal mehr an meinen wunden Punkten angelangt
einmal mehr meinen negativen Kräften ausgeliefert

Sehnsucht berührt zu werden
zugleich Angst vor Nähe und Zuwendung
umsonst habe ich auf Mitleid gewartet
auf einen Tröster
doch ich habe keinen gefunden

Wollte gar keinen finden
weil mein Selbstmitleid mich am Leben hält

Durchbrich Du meine Isolation

Nach Psalm 69,21

Ausgelacht

Gehänselt
gedemütigt
ausgelacht

Von klein auf zur Außenseiterin geworden
mit jedem zynischen Spruch
lebensunfähiger
verunsicherter
menschenscheuer geworden

Endlich finde ich einen Weg zu meiner Würde zurück
indem ich die Wut nicht mehr gegen mich richte
sondern schreie
endlos schreie

Beschämt sollen sich alle abwenden
die lachen und höhnen und sagen
dir geschieht recht

Eile Du mir zu Hilfe
laß mich nicht allein in meinem Schreien

Nach Psalm 70,4

Schwindende Kräfte

Schwer fällt es mir
meine Grenzen anzunehmen
meine Kräfte schwinden
alt bin ich geworden

Still ist es geworden um mich
was ist mein Leben ohne Leistung
Gebrechen zeigen sich
ich tue mich schwer anzunehmen
wie ich viel mehr Zeit brauche
für alltägliche Arbeiten

Verwirf mich nicht
wenn ich alt bin
verlaß mich nicht
wenn meine Kräfte schwinden

Hilf mir loszulassen
den letzten Lebensabschnitt in Würde zu gehen
in Selbstachtung im Vertrauen
daß Du im Leben und im Sterben
mich beim Namen rufst
daß Du vollendest
was bruchstückhaft in meinem Leben geblieben ist

Belebe mich neu
mit Dankbarkeit und Geduld tröste mich
wenn Traurigkeit aufkommt
damit dunkle Stunden sich in helle verwandeln werden

Nach Psalm 71,9.20

Dem Morgen entgegen

Es wird Nacht in mir
keine Hoffnung mehr
abgeschoben die kurdisch-türkischen Familien
im Namen der Gerechtigkeit
abtransportiert ins Flugzeug gesteckt
mit verlogenen Worten des Mitgefühls

Verdunkelt unser Land
verfinstert unsere Solidaritätsaktion

Gerade weil die Mächtigen meinen
ein Exempel würde uns lähmen
brechen wir erneut auf

Denn Du Gott wirst Recht verschaffen den Gebeugten
Hilfe bringen den Kindern der Armen
Du wirst die Unterdrücker zerstreuen
Du erbarmst Dich des Gebeugten und Schwachen
befreist das Leben der Armen

Du durchbrichst unsere Nacht
kommst uns mit einem neuen Morgen entgegen

Nach Psalm 72,4.13

Verbittert

Deine Gerechtigkeit suche ich
jene gerechte Verteilung der Güter der Erde
die alle Menschen leben läßt

Mein Herz ist verbittert
mir bohrte der Schmerz in den Nieren
als ich sah wie wir weiterhin die Entrechteten ausbeuten

Unser Reichtum entsteht nicht nur
durch unsere gute Arbeit
sondern durch die ungerechten Hungerlöhne
die wir beim Kauf von billigem Kaffee
und Bananen bezahlen

Du Gott weißt es
darum suche ich Deine Gerechtigkeit
bei denen
die täglich um das Kommen Deiner neuen Welt bitten

Nach Psalm 73,21

Erneut aufbrechen

Warum Gott hast Du uns für immer verstoßen
ich wollte unsere Welt verändern
und erhielt Mitleid

Warum ziehst Du die Hand von uns ab
hältst Deine Rechte im Gewand verborgen

Ich suchte Verbündete und blieb alleine zurück
erheb Dich Gott und führe Deine Sache
laß mich mit andern erneut aufbrechen
für eine Welt
die anders sein wird
zärtlicher und gerechter

Nach Psalm 74,1.11.22

Wunderbares entdecken

Dein Name ist denen nahe
die Deine Wunder erzählen
Wunderbares geschieht jeden Tag
alle Geschöpfe erzählen von Deiner großzügigen Phantasie
all unsere Begegnungen sprechen von
Deiner verbindenden Kraft unter uns Menschen
alle Liebenden erleben Deine Sinnlichkeit
und Deine Zuwendung
im Gestalten und Genießen der Sexualität
alle Suchenden entdecken die Sehnsucht nach Dir
all das vergegenwärtigt sich in Brot und Wein
im dankbaren Feiern unseres Lebens

Nach Psalm 75,2

Mir Gutes anerkennen

Du
richtest uns auf
hilfst mir
mehr zu mir zu stehen
mein Gekrümmtsein richtest Du auf
wenn ich lerne auf das zu schauen
was gelungen ist in meinem Leben
und nicht nur auf das
was ich noch nicht erreicht habe

Du
zeigst mir Wege
mein Selbstvertrauen zu festigen
im Aufschreiben
was ich schätze an mir
wo ich mit mir zufrieden bin

So kann ich ohne falsche Schuldgefühle
aus meinen Fehlern lernen
weil Du
allen Gebeugten auf der Erde hilfst
zum aufrechten Stand

Nach Psalm 76,10

Erschöpft

Ich rufe zu Dir
ich schreie
ich rufe zu Gott
bis er mich hört

Ausgelaugt komme ich an
einsam und verloren fühle ich mich
zu viele suchten mich heute auf
zehrten an meinen Kräften

Erschöpft
kraftlos
liege ich da

Du Gott läßt mich nicht schlafen
ich bin voll Unruhe und kann nicht schlafen
mein Herz grübelt nach

Zermürbendes Erwarten eines neuen Morgens

Wann wirst Du mich von dieser Qual befreien

Nach Psalm 77,2.5.7

Beharrliches Engagement

Wir werden nicht schweigen
und Unrecht beim Namen nennen
Machtmißbrauch entlarven
patriarchale Strukturen überwinden
sexistische Sprache anprangern
subtiles rassistisches Gedankengut aufdecken
kapitalistische Mechanismen hinterfragen

Wir werden nie aufhören zu erzählen
wie Du Partei ergreifst
für die Entrechteten und Ausgegrenzten
wir werden aufstehen und an unsere Kinder weitergeben
daß es sich lohnt leidenschaftlich
mit Dir Gott
auszubrechen aus menschenunwürdigen Strukturen
um neues solidarisch-interkulturelles Teilen einzuüben

Du
wirst uns begleiten mit klugen Händen
damit wir mit beharrlicher Klugheit und Gelassenheit
mitgestalten an einer neuen Welt
Kraft schöpfen aus der Erinnerung
und Vergegenwärtigung Deiner wunderbaren Hoffnung

Nach Psalm 78,72

Erbarmen erfahren

Mit Deinem Erbarmen komm uns eilends entgegen
wir brauchen Dein versöhnendes Entgegenkommen
alle Tage unseres Lebens

Deine Zuwendung
verwandelt unsere Verbitterung in neue Hoffung
Dein Entgegenkommen
durchbricht die Spirale der Gewalt
läßt uns trotz Erniedrigungen und Verletzungen
an die Versöhnung glauben

Wenn ich mir selber verzeihen kann
wenn ich andern Versöhnung schenken kann
dann wird Dein Frieden in Gerechtigkeit
zum Sinn meines Lebens

Nach Psalm 79,8

Halte uns

Du
richte uns wieder auf

Zerstört unser Straßenkinderprojekt in Ruanda
Durchkreuzt unsere Hoffnung
Kindern und Jugendlichen Zukunft zu ermöglichen

Sinnloses Kriegen
Hunderttausende von Ermordeten

Jugendliche
die ich begleitet habe
waren diesem Wahnsinn ausgeliefert
und töteten auch

Richte uns wieder auf
tröste uns im jahrelangen Trauerprozeß
stifte uns an
an die Versöhnung zu glauben
auch wenn es unmöglich erscheint

Erhalte uns am Leben
laß uns das Vertrauen in den Menschen
wieder finden

NACH PSALM 80,4.19

Entfremdung

Verloren
irre ich umher
in der psychiatrischen Klinik
abgefüllt mit Medikamenten
mir selber entfremdet

Religiöses wird tabuisiert
obwohl ich erahne
wie ich mich ungesund ins Religiöse hineingesteigert habe

Zerrbilder von Dir
haben sich in mir verfestigt
Angst
Schuld
bestimmen mein Leben

Reiß mich heraus
aus diesen Verstrickungen
hilf mir
meine psychische Krankheit anzunehmen
um Heilendes zu erfahren
und um einen befreiteren Umgang
mit mir selber
mit den andern
mit Dir zu finden

Nach Psalm 81,8

Trauer und Wut

Steh auf in uns
der Tod von Ibrahim
macht uns ohnmächtig

Sein Asylgesuch abgelehnt
abgeschoben mit beruhigenden Worten
neun Monate danach
erschossen auf offener Straße

Schrei mit uns
Ibrahim Vater von acht Kindern
massakriert

Du
laß uns mit Dir fordern
verschafft Recht den Unterdrückten und Waisen
verhelft den Gebeugten und Bedürftigen zum Recht
befreit die Geringen und Armen
aus der Hand der Unterdrücker

Nie wird unser Schrei nach Gerechtigkeit verstummen
solange wir atmen
werden wir die Rechte der Menschen einfordern
über den Tod hinaus

Ibrahim
kämpfe und bete mit uns

Nach Psalm 82,3–4

Leere

Schweig doch nicht
Du bleib nicht still
Gott bleib nicht stumm

Sie verfolgen mich
sie wollen mich
vor niemandem bin ich sicher

Wenn einer an mich glauben würde
wenn eine mich lieben würde
bin zu lächerlich
um ernstgenommen zu werden
mein Selbsttötungsversuch war wieder
ein Schlag ins Leere

Mir bleibt nichts anderes übrig
als es immer wieder zu versuchen
wenn es gelingen wird
werde ich endlich ernstgenommen

Es wird zu spät sein

Nicht für mich

Nach Psalm 83,2

Anerkannt sein

Hoffnung bricht auf in mir
weil ich nichts mehr sein muß
sondern alles werden kann

Wohl den Menschen
die Kraft finden in Dir

Die auf den göttlichen Kern in sich vertrauen
und der Kraft der Verwandlung trauen
anerkannt zu sein vor allem Erfolg

NACH PSALM 84,6

Neue Ansicht

Endlos
scheint der Weg zu einer Mitwelt
die allen Lebensqualität ermöglicht
Brot und Rosen

Endlos
scheinen die Diskussionen an ihren Konferenzen
die nichts verändern dürfen
weil wir nicht teilen wollen

Du Freundin Geist
brichst diese Resignation auf
legst in uns Deine Ansicht einer Welt
wo Gerechtigkeit und Frieden sich küssen

Auf einmal
wird Unmögliches möglich

Dank sei Dir

Nach Psalm 85,11

Gebeugt

Wende Dein Ohr mir zu
erhöre mich
denn ich bin arm und gebeugt

Er ist nicht mehr da
seine Stimme verhallt
mein Leben zertrümmert
seine Zärtlichkeit verschwunden

Tot

Einsame Nächte
endlose Tage

Warum löschst Du das Licht
das Du selbst entzündet
nimmst mir den Menschen
den ich liebe

Nach Psalm 86,1

Lebensatem

Du
bist unsere Mitte
auf Dich
richten wir unser Leben aus
Du
verbindende Kraft
bewegst zum aufrechten und unbeschwerten Gang

Beim Reigentanz singen wir Dir
entdecken unsere Lebenskraft neu

Dich Schwester Geist
die Du atmest in allem
was lebt
all meine Quellen entspringen in Dir

Nach Psalm 87,7

Manchmal

Manchmal möchte ich weinen können
meinen Panzer durchbrechen

Manchmal möchte ich
zu Dir schreien am Tag und bei Nacht

Manchmal möchte ich ertragen können
die Last der Erdrückten

Manchmal möchte ich singen können
Lieder der Befreiung

Manchmal möchte ich wirklich lieben können
Menschen und Dich

Manchmal ist manchmal
am meisten

Nach Psalm 88,2

Einsamkeit

Liebe

Ich ertrage dieses Wort nicht mehr
denn Du hast mich verstoßen und verworfen

Ich ertrage nicht mehr zu spüren
wie jemand mich mag
nie zuvor hat sich mir jemand zugewandt

Jetzt auf einmal soll Nähe möglich sein
für wie lange
um nachher noch einsamer zu sein

Nein danke

Nach Psalm 89,39

Gelebt werden

Kraftlos sitze ich mit Magersucht in der Psychiatrie
kann mein Leben nicht mehr länger ertragen
weil es gar keines mehr ist

Ohne Sinn sollte ich leben
ohne Verständnis auch nicht von mir

Leere
Langeweile erdrücken mich

Kein Leben vor dem Tod
nur gelebt werden

Du wende Dich doch mir endlich zu
leide Du mit mir
stehe auf mit mir

NACH PSALM 90,13

Zu mir stehen

Mit beiden Füßen
auf dem Boden stehen

Dich Gott als Grund
der trägt erfahren

Mit jedem Atemzug
mich noch mehr
niederlassen
einlassen auf Dich

Du trägst mich auch durch
wenn die Angst vom Fallengelassenwerden
mich einholt

Du ermutigst mich
zu mir zu stehen
denn auch in der Not
bist Du bei mir
und befreist mich

Nach Psalm 91,15

Liebevolle Zuwendung

Beim Aufstehen
Deine Gegenwart erahnen
da stehen
im Wahrnehmen des Atmens
Dein Entgegenkommen spüren
gerade stehen
aufrichtig werden
meine Grenzen annehmen
weil Du mich annimmst
auch in meinen schlaflosen Nächten

So kann ich
am Morgen Deine Zuwendung verkünden
und in den Nächten Deine Treue
jeden Morgen neu ja sagen zu mir
im liebevollen Pflegen meines Körpers

Du
salbst mich mit frischem Öl
läßt mich meine Lebenskraft erleben
die mir ermöglicht mich für die Würde
aller Menschen ein- und auszusetzen

Nach Psalm 92,3.11

Machtvolles tun

Du ermächtigst uns
Partei zu ergreifen
mit allen Ausgegrenzten

Du entlarvst unsere Allmachtsphantasien
zeigst uns
was in unserer Macht liegt
um die Lebensqualität
für alle zu verbessern

Nach Psalm 93,1

Menschlichere Politik

Verantwortungsloses Tun prägt große Teile der Politik
Korruption um Korruption
Bestechung
Skandale rechts und links

Versucht sind wir
uns zurückzuziehen
ihnen alle Macht zu überlassen

Doch
Du bringst jene hoffnungsvolle Wirklichkeit ein
verweist uns auf Menschen
die sich aus Deiner Kraft
für das Wohl vieler einsetzen
sie sind da
jene die Recht sprechen nach Deiner Gerechtigkeit
sie sind auch unter uns
die Menschen redlichen Herzens
die eine menschlichere Politik fördern

Bestärke Du ihre Bemühungen
im Entlarven der Bestechlichen
sei Du gegenwärtig
in der Menschenrechtsbewegung

Nach Psalm 94,15

Laßt uns aufbrechen

Kommt laßt uns erkennen
mit Leib und Seele
wie Du atmest im schöpferischen Werden

Kommt laßt uns erfahren
mit unserem beherzten Sein
wie Du mitlebst
im Ausruhen und Genießenkönnen

Kommt laßt uns erahnen
mit ganzer Existenz
wie Du mitgehst
durch Schweres hindurch
uns durch Reifen und Wachsen
auf der Reise nach innen begleitest

Kommt laßt uns aufbrechen
einander erinnern
wie Schwester Geist befreiend wirkt

Nach Psalm 95,6

Schöpferisches Tun

Im Umarmen des Baumes
im Staunen über die Regentropfen auf den Blättern
im Fließen der Quelle
sind wir berührt von Deiner geheimnisvollen Gegenwart

Im Genießen des Meeres
im Freiheitsdrang der Pferde
im Spazieren unter dem klaren Sternenhimmel
sind wir bewegt von Deiner geheimnisvollen Gegenwart

Im Stillewerden
Dich loben
von Deinen wunderbaren Taten erzählen
die das Leben so kostbar
vielfältig werden lassen

Nach Psalm 96,3

Hunger und Durst nach Gerechtigkeit

Deine Gerechtigkeit verstummt nie
überall auf der Welt lassen sich Menschen bewegen
nicht nur sich selber gerecht zu werden
sondern den Hunger nach
Deiner Gerechtigkeit wachzuhalten

Deine Gerechtigkeit wird sichtbar
im Kampf gegen entwürdigende Arbeitsplätze
diskriminierende Sprüche
entmündigende Bestimmungen

Dein Licht erfüllt gerechte Menschen
die kinder- und jugendgerechte Beziehungsorte fördern
die feiern und spielen können
aller Ungerechtigkeit zum Trotz
Deiner Gegenwart zuliebe

Nach Psalm 97,6.11

In die Hände klatschen

Dein Heil wird bekannt
im Heilungsprozeß
den Menschen wagen
im Hinabsteigen in die eigenen Abgründe
im Integrieren der eigenen Schattenseiten
bist Du Gott sinnstiftend da

Dein gerechtes Wirken wird sichtbar
in allen Friedensinitiativen
im Unterschriftensammeln
im Schwimmen gegen den Strom

Klatschen wir in die Hände
voll Dankbarkeit über all das Gute
das täglich geschieht
bewegt durch Dich

Nach Psalm 98,2.8

Heilig werden

Heilig
bist Du Gott
heilsam erfahrbar im Schweigen
heilend wirksam im Begleiten durch Lebenskrisen

Heilig
bist Du
heilsam bestärkend im Selbstwerdungsprozeß
heilend ermutigend im Annehmen von Verwundungen

Heilig
bist Du
heilsam lebendig im Horchen auf Dein Wort
heilend nah im Versöhnungsprozeß in Ex-Jugoslawien

Heilig werden wir
im beharrlichen Suchen Deiner Gegenwart
inmitten der Widersprüchlichkeit unseres Lebens

Nach Psalm 99,3

Würde und Recht

Ist es wirklich würdig und recht
Dich zu loben
ist es nicht höchste Zeit
Dich Gott
konkret werden zu lassen

Im Einsatz für echte Würde aller Menschen
für mehr Recht der Entrechteten

Dies allein ist würdig und recht

Nach Psalm 100

Auf Bewährtes vertrauen

Ich will auf den Weg der Bewährten achten
jene
die auch den Weg in die Stille wagen
die einüben sich auszuhalten
die sich dadurch neue Heimat in sich schenken lassen

Ich will jenem Teil in mir mehr Gehör geben
der Ansprüche hinterfragt
um mir selber mit mehr Wohlwollen zu begegnen

Ich will auf den Weg der Bewährten achten
jene Frauen und Männer
die seit Jahrhunderten aufbrechen
um unsere Kirchen zu reformieren
die sich nicht von der erstarrten Institution
in den Bann ziehen lassen
sondern mit andern glaubwürdig zu leben versuchen

Wann kommst Du zu mir
um mich zu bestärken
daß Dein lebensfördernder Geist die Kirche erneuern wird
im selbstbewußten Auftreten
für eine Kirche
wo Freiheit und Geborgenheit gelebt wird

Nach Psalm 101,2

Gleichgültigkeit durchbrechen

Du höre mein Gebet
mein Schreien dringe zu Dir
verbirg Dein Antlitz nicht vor mir
wenn ich in Not bin
wende Dein Ohr mir zu
wenn ich Dich anrufe
erhöre mich bald

Gekrümmt bin ich
von der Gleichgültigkeit der Massen
die sich zu Tode konsumieren
der Leere folgend
holen mich die alten Fragen nach Lebenssinn ein
die unaufhörlich-beklemmenden Gedanken
die in den Abgrund führen

Da
wo niemand mehr anzutreffen ist
weil die Oberfläche sicher ist
die Antworten klar
der Selbstbetrug angenehm

Trotzdem
erst im Sturz
erfahre ich Deinen Halt

Nach Psalm 102,2–3

Du wirst da sein

Mit alledem
was mein Leben ausmacht
will ich Dich loben

Nie vergessen
wieviel Gutes
Du mir getan hast

Durch Dich
kann ich mir wohlwollender begegnen
auch im Versagen und Schuldigwerden
werde ich hineingeholt in Deine Barmherzigkeit

Da wo ich mich ablehne
wirst Du sein
im Annehmen meiner selbst
zärtlich-kraftvoll gegenwärtig

Nach Psalm 103,1–2

Schöpfungsrhythmus leben

Du bist erfahrbar
durch Freundin Geist
die unsere Welt erneuert
im achtsamen Umgang mit unserer Mitwelt
im Einswerden mit der Schöpfung

Staunend
stammelnd
jauchzend
lobend
schweigend
dankend

Durch Deine Schöpfung
sprudelt in uns selbst
Deine Lebensquelle neu

Hineinwachsen in die Prozesse der Natur wollen wir
uns Zeit zugestehen zum
Säen
Blühen
Ernten
Brachliegen

Laß uns schöpfungszentriert uns
hingeben
aufblühen
Frucht bringen
loslassen
ausruhen

Nach Psalm 104

Geschichtsbewußtsein

Jeden Tag
verbindest Du Dich mit allen Menschen guten Willens
die sich erinnern
wie Du immer schon die Gebeugten aufgerichtet hast
wie Du gegenwärtig bist
in der Heilsgeschichte der Menschen

Heilend-befreiend
Dich der Unheilsgeschichte entgegensetzt
im nie endenden Kampf für Frieden in Gerechtigkeit

Alle
die Dich suchen
sollen sich von Herzen freuen
mit Mirjam
die tanzend auszog aus der Unterdrückung
mit Micha
der aufruft
Schwerter zu Pflugscharen umzuwandeln

Bis heute bewegst Du Freundin Geist
heilvoll unsere Geschichte

Nach Psalm 105,3

Durchbrich meine Todesmächte

Du
such mich auf
und bring mir Hilfe

Keine Geschichte
noch so schön
kann meinen Schmerz wegtrösten
Undank
erlebe ich jeden Tag

Zurückgeworfen in meine Urverwundungen
ausgeliefert meiner verdammten Geschichte
in der ich nie etwas recht machen konnte

Jetzt weiß ich
warum ich zu oft auf das schaue
was nicht gelungen ist
zu wenig Kräfte habe
um mich dem zuzuwenden
was mir täglich gelingt

Such mich auf
bring mir Hilfe
durchbrich meine Todesmächte
begleite mich durchs Schwere
zu neuem Leben in Fülle

NACH PSALM 106,4

Mein Leben vertiefen

Dankend will ich
mein Leben vertiefen in Dir
Deine Spur in meiner Geschichte entdecken

Wie Du mich im Umherirren
zur Oase geführt hast
mit vielen stimme ich ein und danke Dir
für Dein wunderbares Tun an den Menschen

Du schenkst in Symbolen und Ritualen
der Seele Raum zur Entfaltung
Du führst hinaus aus Dunkelheit und Verzweiflung
darum danken wir Dir
für Dein wunderbares Tun an den Menschen

Du läßt niemanden fallen
ermutigst den Weg in die Tiefe zu gehen
um das Leben mit Schatten und Licht anzunehmen
um Dir danken zu können
für Dein wunderbares Tun an den Menschen

Nach Psalm 107,8

Aufwachen

Wach auf meine Seele

Spring nicht mehr fort vor dir selber
nimm deine Gefühle wahr
folge deiner Intuition
brich auf mit andern
der Menschenfreundlichkeit entgegen

Wach auf meine Seele

Sieh wie das Leben
nicht nur beglückende Momente kennt
sondern auch in Trauer und Schmerz
intensives und beziehungsreiches Leben uns geschenkt ist

NACH PSALM 108,2

Schwindende Kräfte

Todessehnsucht
nicht mehr dem alltäglichen Überlebenskampf
ergeben sein müssen
Opfer destruktiver Mächte zu sein
die mich nicht mich selber werden lassen

Gefangen in meinen Allmachtsansprüchen
abgemagert
wie ein flüchtiger Schatten schwinde ich dahin
all diese grauen Eminenzen in mir
die mich nie richtig leben lassen
sollen scheitern
sich verfangen in ihrer eigenen Todesspirale

Du stehst mir zur Seite

Nach Psalm 109,23

Sein dürfen

Mich niederlassen
Schwieriges setzen lassen

In allen gekrümmten Momenten meines Lebens
den göttlichen Funken in mir wahrnehmen

Mich fallenlassen
sein dürfen
in aller Zerbrechlichkeit
Verletzlichkeit
mit all meinen Visionen eines Zusammenseins
wo jede und jeder sich entfalten kann
heilend-zärtlich-kämpferisch sich einsetzt
sich Ruhepausen gönnt
Deiner Einladung folgt und
sich zu Deiner Rechten setzt

Nach Psalm 110,1

Verbindlichkeit

Du gibst niemanden auf
Du denkst ewig an Deinen Bund

Dein verbindendes Ideal spricht
von der Verwandlungskraft eines jeden Menschen

Was immer uns widerfahren kann im Leben
Du erneuerst Dein bedingungsloses Ja
Dein wunderbares Geschenk des Lebens
Dein Abbild sein zu dürfen

NACH PSALM 111,5

Helfende Solidarität

Wohl den Menschen
die gütig zum Helfen bereit sind
die erleben wie das Glück des Menschen
nicht im Haben
sondern im Sein wurzelt

Sie fürchten sich nicht vor Verleumdungen
ihr Herz ist fest
sie vertrauen auf Dich

Solidarische Menschen zu werden
heißt auch sich selber helfen zu lassen
was uns
anrührt
revoltiert
aufwühlt
bewegt
verweist uns auf unsere Mitte
auf Dich

NACH PSALM 112,5.7

Stärke unsere Phantasie

Du
erhebst den Armen
der im Schmutz liegt

Du
stärkst unsere Phantasie
Solidaritätsprojekte zu entwickeln
um Menschen von der Straße
lesen und schreiben zu ermöglichen
sie der Kinderprostitution zu entreißen

Du
ermutigst zugleich
das in uns zu erheben
was schmutzig ist
damit es heilend
dank Deinem Wohlwollen
verinnerlicht werden kann

Nach Psalm 113,7

Berührt sein

Berührt sein

Befreiung wird möglich
Heilung geschenkt
Versöhnung gewagt

Widerstand leisten alle
die berührt werden
von Deinen Befreiungsliedern

Nach Psalm 114

Aufgerichtet werden

Du wirst uns segnen
in Momenten der Verunsicherung

Du wirst uns segnen
in beglückenden Stunden voller Lebensfreude

Du wirst uns segnen
im Verzweifeln an Krieg und Folter

Du wirst uns segnen
im Trennungsschmerz

Du wirst uns segnen
im Staunen über die Geburt eines Kindes

Du wirst uns segnen
uns erinnern
wie Dein Wort tröstet
aufrichtet
versöhnt
ermutigt

Nach Psalm 115,13.14

Angesprochen werden

Mich umfingen die Fesseln des Todes
mich befielen die Ängste der Unterwelt
mich trafen Bedrängnis und Kummer

Da blieb ich
auf einmal nicht mehr dieser Qual ausgeliefert

Durch Dein Ansprechen und Ansehen
konnte ich meinen Schmerz ausdrücken
Hilfe annehmen
Dir
in die Augen schauen
traurig sein
darin neuen Lebensmut schöpfen
im Sein vor aller Leistung

Nach Psalm 116,3

Hineintauchen

Dich
erahnen
als verbindendes Geheimnis
unserer Welt

Jeden Tag neu hineintauchen
in diese hoffnungsstiftende Wirklichkeit
die mich aufatmen läßt

Nach Psalm 117

Dankbarkeit

Du
bist mein Gott
Dir will ich danken

Für meinen Lebensatem
der mir ermöglicht
zu mir zu stehen
zu meinen Fähigkeiten und Grenzen

Für all die Begegnungen
wo ich mich verstanden weiß
wo ich einfühlsam andere unterstützen kann
wo zeitlose Momente
erzählen von alldem
was uns übersteigt
auf Dich verweist

Für alles
was lebt in Deiner Schöpfung
und mich hineinholt in unseren Lebensrhythmus

Sterben
werden

Nach Psalm 118,28

Das tägliche Wort

Denken will ich
an Dein Wort
durch das Du mir Hoffnung gabst

Dein Wort
das mir neu geschenkt ist durch viele Menschen

Dein Wort
das mich manchmal so berührt
daß es mir kalt den Rücken hinunterläuft

Dein Wort
das mich aufständig werden läßt
mich nie mit Ungerechtigkeit und
Diskriminierung abfinden läßt

Dein Wort
das meiner Seele so gut tut
mich Mensch werden läßt
mit all meinen unguten und guten Gefühlen

Dein Wort
das mir zugesagt ist
spendet mir Leben

Nach Psalm 119,49–50

Diffamierung

Rette mich vor Lügnern
vor falschen Zeugen

Ein Komplott ist geplant gegen mich
öffentlich werde ich diffamiert
meine Privatsphäre mißachtet
den Sensationen preisgegeben

Fallengelassen
von Menschen
die mir nahe standen

Was ich auch sage
es wird gegen mich ausgelegt

Lehre mich
mich dagegen zu wehren
nicht daran zu verbittern

Nach Psalm 120,2

Energielos

Du stehst mir zur Seite
wenn ich nicht mehr mag
wenn sogar die Kraft
zum Beten ausgeht

Wenn ich nur noch energielos da bin
zeigst Du mir behutsam im schweigenden Dasein
wie Du neu in mir geboren wirst

Nach Psalm 121,5

Frieden stiften

Friede wohne in Deinen Mauern
in Deinen Häusern Geborgenheit

Friedensarbeit gehört zu unserer Menschwerdung
Gewaltfreier Widerstand soll neu in uns erwachsen

Jedoch *auch Friede in mir*

Geborgenheit
die ich mir schenke
wenn ich mir anerkenne
wieviel Friedenstiftendes durch mich möglich wird

Letztlich gegründet in Dir

Nach Psalm 122,7

Augenblicke

Ich erhebe meine Augen zu Dir
lerne dadurch andern in die Augen zu schauen
authentisch zu werden
meine Augen zu schließen
nach innen zu schauen

Da
wo Du längst schon lebst und wirkst

Andern die Augen zu öffnen
für Dein Gesicht
das sich eröffnet durch unser Tun

NACH PSALM 123,1

Freud und Leid teilen

Hättest nicht Du uns bewegt zum Widerstand
wir wären all den verlogenen
Ungerechtigkeitsmechanismen
ausgeliefert gewesen

Unsere Seele ist wie ein Vogel
dem Netz des Jägers entkommen
das Netz ist zerrissen
wir sind frei

Frei
verbindlich mitzugestalten
im Vertrauen in all die Menschen
die Solidarität einüben möchten
bereit sind zu teilen
auch Freud und Leid

Nach Psalm 124,1.7

Fest stehen

Wer Dir vertraut
steht fest

Nicht für immer
denn das Leben ist ein Prozeß
der Glaube ist Verwandlung
Menschwerdung ist eine Gratwanderung
Beziehung ist ein Geben und Nehmen
Engagement ist Erfolg und Rückschlag

Das steht fest

Nach Psalm 125,1

Tränen fließen lassen

Die mit Tränen säen
sind wenige heute

Tränen sind kaum erlaubt
Trauer und Schmerz bringen
die Tagesordnung durcheinander
vermindern die Produktion

Klageräume brauchen wir
um unsere Tränen fließen zu lassen
tröstend-befreiende Erfahrungen machen zu können
wo auch Männer weinen dürfen

Dann werden wir mit Jubel ernten
auch im Schreien und Klagen
die Fülle des Lebens erahnen

Nach Psalm 126,5

Aktivismus durchbrechen

Bedenklicher kirchlicher Alltag
verloren im Aktivismus
eine Sitzung nach der andern

Unfähig
tägliche Stille zu leben

Geprägt vom Wahnsinn
die Welt erlösen zu müssen

Du
setzt alles ins richtige Lot
wenn Du das Haus nicht baust
müht sich jede und jeder umsonst

Hole uns heraus aus Hektik
stifte uns an zum
Innehalten
Schweigen
Ausruhen

Jeden Tag neu

Nach Psalm 127,1

Genießen

Genieße das Leben
wohl Dir
es wird Dir gut ergehn

Lebe Zärtlichkeit
Lebensfreude
Sensibilität
Mitgefühl
Dankbarkeit

Gesegnet wirst Du so sein

Nach Psalm 128,2

Meine gute Spur

Viel Schreckliches ist mir widerfahren
schon als Kind erfuhr ich Ablehnung und Gewalt

Oft bedrängt von Jugend auf
konnten sie mich doch nicht bezwingen

Wie staune ich
daß sich in all dem Schrecklichen
eine gute Spur zeigt
geprägt von Menschen
die nicht nur von Heil reden
sondern heilend da sind
voll Geduld
jahrelang an mich glauben
welch ein Segen

Nach Psalm 129,2

Auf Dich warten

Aus der Tiefe rufe ich zu Dir

Da
wo ich Mühe habe mich anzunehmen
wo mir die Geduld fehlt
mein verletztes Kind in mir zu trösten
wo ich vernichtende Ansprüche spüre

Da
warte ich auf Dich
mehr als der Wächter auf den Morgen

Du
wirst mich von diesen Abspaltungen befreien

Nach Psalm 130,1.6

Wohltuende Stille

Um still zu werden
bin ich hier
mit dem Versuch
loszulassen
am Ende dieses Tages
mein Leben Dir anzuvertrauen
Dir zu übergeben

Um still zu werden
bin ich hier
kostbar sind jene Momente wo
ich wie ein kleines Kind bei der Mutter
still in mir werde

Dank Dir Gott

Nach Psalm 131,2

Komm zur Ruhe

Horche auf deinen Atem
er kommt und geht

In deinem Rhythmus
hilft er dir
zu dir zu stehen
ruhig zu werden
da zu sein

Komm an den Ort deiner Ruhe

Suche ihn in dir
schenke ihn dir
laß ihn nie mehr verloren gehen

Werde still
ganz Mensch

NACH PSALM 132,8

Miteinander wohnen

Freundschaft leben
einen Ort zu haben
wo ich loslassen darf
sein mit meinen dunklen Seiten
meinem Bedürfnis nach Angenommensein

Freundschaft leben
kein Bild voneinander machen
Entfaltungsmöglichkeiten bestärken
im Spiel der Zuwendung

Seht doch
wie gut und schön es ist
wenn Menschen miteinander in Eintracht wohnen

Nach Psalm 133,1

Segnendes Dasein

Du
segne all die Menschen
die auf unser Gebet vertrauen
laß sie uns durch Dich
das Verbindende erfahren

Zu nächtlicher Stunde
vertrauen wir Dir Gott
das Leben aller
Suchenden
Verzweifelten
Hoffenden an

Erfüll Du es mit Deinem Wohlwollen

NACH PSALM 134,1

Lebendig werden

Stärke in uns die Erinnerung
an Dein befreiendes Wirken
in Deiner Schöpfung

Laß uns anstimmen Lieder der Hoffnung
die von Deinem sympathischen Dasein erzählen

Deine Ehre ist der lebendige Mensch
komm mit uns
auf den Weg der Menschwerdung

Nach Psalm 135

Unglaublich

Langjährige Feinde reichen einander die Hand
Opfer können ihrem Täter verzeihen
Mauern des Mißtrauens fallen in sich zusammen
Verstummte finden ihre Sprache wieder
Gelähmte haben den Mut aufzustehen
Diktatoren fliehen vor dem Druck des Volkes

Ja
Deine Huld währt ewig
sie läßt in all den ermutigenden Ereignissen
Dich bis heute erkennen

NACH PSALM 136,1

Gefährliche Erinnerung

Niemals vergessen
all die Vergasten in
Auschwitz
Treblinka
Buchenwald

Niemand wage
all diese himmelschreienden Schandtaten je zu verleugnen

Nie werden wir uns an die jetzigen
ethnischen Säuberungen gewöhnen

In aller Ohnmacht
schreie ich
die Zunge soll mir am Gaumen kleben bleiben
wenn ich all das vergesse

Nach Dir schreien wir
damit Du unser Gedächtnis belebst
unsere Wut zum Lebenskampf verwandelst

Nach Psalm 137,6

Ganzheitliches Leben

Schweres unterdrücken
um angenehm zu sein
Tränen zurückhalten
um konform zu bleiben

Schmerz überspielen
um Applaus zu erhalten

Verpaßtes Leben

Gehe ich auch mitten durch diese große innere Not
Du erhältst mich am Leben
Du nimmst Dich meiner an
hältst in mir den Wunsch
nach ganzheitlicherem Leben aufrecht

NACH PSALM 138,7–8

Leib sein

Ich habe keinen Leib
sondern bin Leib
seine Signale helfen mir
bewußter zu leben
meine Grenzen anzunehmen
mich wohlwollend ihm zuzuwenden
in Verkrampfungen hineinzuatmen

Dabei staunend-dankbar zu erahnen
wie Du mein Inneres geschaffen hast
mich gewoben hast im Schoß meiner Mutter

Ich danke Dir
daß Du mich so wunderbar
gestaltet hast
mir hilfst leibzentriert zu leben
mich an mir zu freuen
zu wissen wie staunenswert Deine Werke sind

NACH PSALM 139,13–14

Ausgenützt

Gewinnsteigerung wie noch nie im Konzern
auf Kosten der Arbeitnehmerinnen und Arbeitnehmer
die seit Jahren davon ausgeschlossen sind

Wut und Trauer bewegt uns
Feinde sind sie geworden
unsere Vorgesetzten

Erfülle nicht ihre Wünsche
laß ihre Pläne nicht gelingen
ich weiß
Du führst die Sache der Armen
verhilfst den Gebeugten zum Recht

Solidarität wird durch uns
Hände und Füße erhalten
beherzt durch Dich

NACH PSALM 140,9.13

Geborgenheit

Es bleibt dunkel in mir
momentan ist die Dunkelheit nicht zu durchbrechen

Sie will angenommen sein
geliebt
leidenschaftlich umarmt
verwandelt durch Dich

Bei Dir berge ich mich
gieße mein Leben nicht aus

Nach Psalm 141,8

Brennende Fragen

Vor Dir
schütte ich meine Klagen aus
eröffne Dir meine Not
ich blicke nach rechts und schaue aus
doch niemand ist da
der mich beachtet

Wieder eine jener Stunden
wo die Einsamkeit sich unendlich ausbreitet
wo Begegnung sich in Unmöglichkeit hält

Grenzen der Sprachlosigkeit
der wiederkehrenden Überzeugung
wehrlos zu sein

Brennende Fragen
ein wenig aufgefangen
im Brennpunkt einer Kerze

NACH PSALM 142,3.5

Wegweisender Geist

Wie soll mein Weg weitergehen
wie soll ich erkennen
was mir wirklich guttut
was Du mit mir vorhast

Ich breite die Hände aus
stehe ruhig da
lasse mich mit jedem Atemzug
mehr ein auf meinen Grund

Versuche
loszulassen
mich einzulassen
auf Deinen wegweisenden Geist

Nur der nächste Schritt ist gefragt
der Weg ist das Ziel

Nach Psalm 143,6.8

Staunende Menschwerdung

Erfüllt mit Vertrauen und Dank
über all das
was heute möglich geworden ist
an Begegnungen und lebensfördernden Aktionen

Staunend bin ich in dieser Dankbarkeit
am Ende des Tages
und stammle leise

Was ist der Mensch
daß Du Dich um ihn kümmerst
des Menschen Kind
daß Du es beachtest

Im Geheimnis meiner Menschwerdung
komme ich einer Antwort
auf die Spur

Nach Psalm 144,3

Mit Hungernden teilen

Dein Wille ist eindeutig und klar
nicht in Dogmen einzuschließen
sondern im Gleichnis des Teilens und der Versöhnung

Dein Auftrag ist klar und konkret
aller Augen warten auf Dich
und Du gibst ihnen Speise zur rechten Zeit
Du öffnest Deine Hand und sättigst alles
was lebt

Du willst
daß wir diese Worte leben
sie durch unsere Praxis erfahrbar werden lassen
allen Hungernden sind wir sie täglich schuldig

Nach Psalm 145,15.16

Aufrichtende Antworten

Wer bist Du
wo bist Du
lebst Du noch

Deine Antworten sind aufrichtend

Recht verschaffst Du den Unterdrückten
den Hungernden gibst Du Brot
befreist die Gefangenen
öffnest den Blinden die Augen
richtest die Gebeugten auf

Da bist Du
im Wachhalten des Fragens nach Dir
im Versuch
Antwort zu geben durch unser Leben

NACH PSALM 146,7–8

Verwurzelung

Schön ist es
Dich zu loben

So gewinnt unser Leben an Tiefe

Alles Erlebte in Dir verwurzeln

Das Leben zutiefst als Geschenk erfahren

NACH PSALM 147,1

Zwischen Himmel und Erde

Einstimmen ins Loblied der Schöpfung

Zwischen Himmel und Erde
mit erhobenen Armen stehen
Dich als Grund unseres Urvertrauens zu feiern

NACH PSALM 148

Mit Schlagzeug und Gitarre

Wie oft hast Du mich schon
zum Leben bestärkt

Unzählige Male lassen mich
Dich loben

Im Aufgehen in der Musik
erahnen
wie ich einst
ganz in Dir leben werde

Alle sollen Dich loben
im Tanz mit Pauke und Harfe
Schlagzeug und Gitarre
Klarinette und Geige

Nach Psalm 149,3

Lob annehmen

Staunen können
wie ein Kind

Mit offenem Mund
und ausgebreiteten Armen

Lob annehmen
Lob weitergeben

Im Loben Dir nahe sein

NACH PSALM 150

Im Rex-Verlag Luzern/Stuttgart sind von Pierre Stutz außerdem folgende Bücher erschienen:

Urvertrauen und Widerstand. 10 Gebote zur Befreiung. 132 Seiten, DM/sFr 19.80, öS 145.–
Die Zehn Worte werden als grundlegende Werte für unsere Welt und unser Menschsein fruchtbar gemacht. In fiktiven Interviews mit Jesus aus Nazareth fließen aktuelle Fragen nach Sinn und Hoffnung hinein.

Vom Unbegreiflichen ergriffen. Mystische Lebenserfahrungen. 160 Seiten, DM 25.80, sFr 23.80, öS 189.–
Faszinierende Begegnungen mit mystischen Menschen, die in die Abgründe ihrer Seele gestiegen sind und dort Gott erfuhren. In persönlichen Briefen tritt der Autor in Dialog mit Hildegard von Bingen, Johannes Tauler, Teresa von Avila und Johannes von Kreuz.